LibriMundi
Juan León Mera N23-83 (matriz)
Telf.: (5932) 2521606, 2529587
Quito, Ecuador
www.librimundi.com

TSITSANU

Recopilado, interpretado y escrito por / Recorded, interpreted and written by: Luciano Ushigua
Relatado por / Told by: Juan Cruz Grefa, Ana María Santi, Cesáreo Santi, María Luisa Santi
Ilustrador / Illustrator: Alfonso Toaquiza
Asesora y dirigente sapara / Sapara Advisor and Leader: Gloria Ushigua

Autor del texto original en kichwa / Author of original Kichwa text: Luciano Ushigua
Editor del texto original en kichwa / Editor of original Kichwa text: Juan Vargas
Traductora y editora del texto en kichwa andino / Translator and Editor of Andean Kichwa text: María Tonato
Editor de vocabulario sapara / Editor of Sapara vocabulary: Luciano Ushigua
Autores del texto en español / Authors of Spanish text: David Cabrera, Luciano Ushigua
Editora del texto en español / Editor of Spanish text: Paulina Rodríguez
Autores y editores del texto en inglés / Authors and editors of English text: Steven Rudnick, Roger Klausler
Figuras de mokawa para bordes / Ceramic figures for borders: María Aguinda

Coordinador del proyecto / Project Coordinator: Alfonso Toaquiza
Editores / Editors: Luciano Ushigua, Gloria Ushigua, Steven Rudnick, Alfonso Toaquiza
Diseño / Design: Miguel Dávila / Henrry Ruales – Soluciones Gráficas D&G
Impresión / Printing: Imprenta Mariscal, Quito-Ecuador
Primera edición / First edition: 5 000 ejemplares / 5,000 copies

www.kuriashpa.com
kuriashpa@yahoo.com
Tel.: (593-9) 98595915, (593-9) 91745995

ISBN: 9978-44-987-6

KURI ASHPA

visiones de los pueblos indígenas

RIKSICHIKUNA
DEDICATORIAS
DEDICATIONS

Ashkatami yupaychani nipani kay hatun apukuna ñukanchita riksishkamanta shuk kawsak runakunami kanawn nisha kay Ecuador mama llaktawas chasna riksishkami kanchik, ñukanchik shimika ñawpakunaka yapa hatun awayachishkashinami karka chasnami munanchik kunankunawas ñawpa kawsayta riksichinatawas munanchik tukuy ayllu llaktakunaman, kay tukuy ruraykunaka ñuka apayaya kunatami ashkata yupaychani nipani paykunami ashkata llankarkakuna kay kamukta llukshichinkapak, kaykunaka anawnmi: Cesáreo Santi (Tatawja), Ana María Santi, María Luisa Santi (Mukutsawa), Jacinta Santi (Sasiku) y Juan Cruz Grefa. Sakipanimi chashnallata kay pushak apukuna yanapashkamanta kay llankaykunaka yapa alimi kan, chillatami rimapani.

El proceso de revalorización cultural, que llevamos adelante para consolidarnos como nacionalidad, tiene la urgencia de recordar al mundo y a nosotros mismos lo que un día fuimos, de traer a nuestra memoria colectiva nuestro pasado, nuestras raíces para comprender quiénes somos. Este libro está dedicado para toda la nacionalidad sapara en especial a nuestros abuelos quienes nos apoyaron arduamente para elaborar este trabajo: Cesáreo Santi (Tatawja), Ana María Santi, María Luisa Santi (Mukutsawa), Jacinta Santi (Sasiku) y Juan Cruz Grefa. Además, dejamos constancia de nuestros más sinceros agradecimientos a los amigos, quienes nos apoyaron moralmente y a las instituciones que apoyaron económicamente para este proyecto.

The process of cultural revalorization through which we are consolidating ourselves as a nationality calls upon us to remind the world and even ourselves of who we once were, and to rekindle our collective memory about our past, our roots, in order to understand who we are today. This book is dedicated to the entire Sapara nationality, especially our elders who worked so hard on this project: Cesáreo Santi (Tatawja), Ana María Santi, María Luisa Santi (Mukutsawa), Jacinta Santi (Sasiku) and Juan Cruz Grefa. We also want to offer our sincere thanks to our friends for their moral support, and to the institutions who gave their financial support to this project.

Luciano Ushigua, Gloria Ushigua

Ñukapak kuyashka ayllukunaman minkani, ñukapak warmi Ana Umajinga, ñukapak churikunaman Alex (Rupak Kuntur) chaimantaka Sinchi Tupak; ñukapak wawkikuna Alfredo Toaquiza chaimantaka Gustavo Toaquiza; chaimantapash shinallatak Nancy Cayo.

A mi querida familia, mi esposa Ana Umajinga y mis hijos Alex (Rupak Kuntur) y Sinchi Tupak; a mis hermanos Alfredo Toaquiza y Gustavo Toaquiza, y a Nancy Cayo.

To my dear family, my wife Ana Umajinga and my sons Alex (Rupak Kuntur) and Sinchi Tupak; to my brothers Alfredo Toaquiza and Gustavo Toaquiza; and to Nancy Cayo.

Alfonso Toaquiza

Kaita kunimi Aimée Klausler chaimantaka James Rabe-Uyeno paikunapak shutipi.

En memoria de Aimée Klausler y James Rabe-Uyeno.

In memory of Aimée Klausler and James Rabe-Uyeno.

Steven Rudnick

Ñukanchik apayayakuna rimankunami kallari saparakunaka kutumi karkakuna. Shuk puncha shuk kutuka kunanpu yakuta upyankapak rikmi runa tukurka chasnallata shuk kutu ranti yakuta upyankapa rirka, chayka runa warmi tukurka, kasnami ñukanchik apayayakuna rimankuna.

Nuestros abuelos dicen que antiguamente los sapara eran monos cotos; un día un mono se dirigió al río Conambo a beber agua y se convirtió en hombre, y otro mono hizo lo mismo y se convirtió en mujer; así cuentan nuestros abuelos.

Our elders tell us that in ancient times the Sapara were red howler monkeys. One day one of the monkeys went to drink from the Conambo River and turned into a man. Another monkey did the same and turned into a woman. That's how our elders tell it.

Tsitsanuka pakarirkami, kay ishkay runakuna llutarishkamanta.

De la unión de esta pareja, nació Tsitsanu.

From the union of this couple, Tsitsanu was born.

Paypak yayakunawanmi wiñarka, ña malta tukushpaka warmita maskarka, chaykaTayak sinchi yachak shimanupa ushushitami hapirka.

El niño creció junto a su familia y, cuando ya era un joven, buscó a su pareja; pidió la mano de la hija de Tayak, quien era un poderoso *shímanu*.

The child grew up with his family, but when he became a young man, he went in search of a wife. He asked Tayak, a powerful *shímanu*, for his daughter's hand.

Tsitsanu warmita hapi punchapika shuk hatun raymitami rurarkakuna,
tukuykunami kushi karkakuna.

Cuando Tsitsanu tomó por esposa a la hija de Tayak, hizo una gran fiesta
y todos estuvieron muy alegres.

After taking Tayak's daughter as his wife, Tsitsanu threw a big party,
and everyone was very happy.

Shuk puncha Tsitsanu paypa warmi yayawa pukunata sachama rinkapa hapirka mana mañashallata. Paypa warmika rimarka yayaka piñarinkami payta mana tapushpa hapikpika, chashna kakllayta mana uyasha Tsitsanu pukunata sachaman aparka.

Un día, Tsitsanu cogió la bodoquera de su suegro sin su permiso; su mujer le advirtió que tenía que pedir permiso a su papá, pero Tsitsanu no le hizo caso y se fue al monte.

One day Tsitsanu took Tayak's blowgun without asking his permission. Tsitsanu's wife warned him that he should ask her father for permission, but Tsitsanu ignored her and went to the forest.

Pay warmipa yaya yapa piñarisha yuminkashka Tsitsanuta wasimanta
llukshichispa kacharka.

Cuando Tsitsanu regresó del monte, el suegro Tayak muy enojado lo maldijo
y lo echó de la casa.

When Tsitsanu returned from the forest, his father-in-law was very angry.
Tayak put a curse on Tsitsanu and threw him out of the house.

Tsitsanu paypa warmi yaya wasimanta llukshihsa rirka sachata chaypimi chinkarirka paypa warmi yaya yuminkashka chaypi paktarirka.

Tsitsanu salió de su casa maldito por su suegro, y se dirigió nuevamente al monte. Entonces, se cumplió la maldición y se perdió en la selva.

Tsitsanu, cursed by his father-in-law, headed once again for the forest. The spell began to work and he became lost in the jungle.

Chinkarishpa purijusha, Tsitsanu kaparirka huuu, huuu, chayka unay kashkapi shuk apamama kutiparka chi Saw – Saw apami karka.

Tsitsanu andaba perdido en la selva y gritó: —Huuu, huuu. Después de un rato le contestó una abuela, llamada Saw Saw.

Tsitsanu wandered aimlessly in the jungle, crying "Huuu, huuu." Soon his cries were answered by an old lady named Sau Sau.

Saw, saw apamamapi puñunata mañankawa paktarka, chi apamamaka shamuy wayusata upyakshamuy nirkami, chaypi puñurka, kaypimi Tsitsanu shutita shutiyachirka.

La abuela Saw Saw le dijo que se acercara a tomar *guayusa*. Tsitsanu llegó a la casa de Saw Saw y tomó la *guayusa*, él le pidió posada y se quedó a dormir la noche. Fue aquí donde se le puso el nombre de Tsitsanu.

Grandmother Sau Sau told Tsitsanu to come closer and drink *guayusa*. Tsitsanu went to Sau Sau's house, and drank the *guayusa*. He asked for shelter and stayed the night. It was here that he was given the name Tsitsanu.

Kayanti tutamantallata hatarishpa Tsitsanu tapurka maytata ñanpika rin, chayka kaytami kan nisha rikuchirka, chi apamama rikuchishkatami Tsitsanuka rirka.

Tsitsanu se levantó muy por la mañana y le preguntó por dónde era el camino; la abuela le indicó y él continuó su viaje.

Tsitsanu got up very early in the morning and asked her where the path was. The old lady showed him the way and he continued on his journey.

Tsitsanu ña karuta rijushkapi shuk apawata tuparka, payka nirka kaypi puñusha ri Tsitsanu, chi apamamaka sankuru apami karka.

Tsitsanu siguió por un camino largo y llegó a la casa de una anciana, quien le dijo: —Quédate aquí para que duermas. —Ella era la abuela zancudo.

Tsitsanu traveled far and arrived at the house of an old woman, who said to him, "Stay here and sleep." She was Grandmother Mosquito.

Tsitsanu pay puñushkay, chi apamamaka paypa yawarta illakta upyashpa wanchisha nirkami.

Cuando Tsitsanu estaba durmiendo, la abuela zancudo pensaba chuparse toda su sangre.

While Tsitsanu was sleeping, Grandmother Mosquito was planning to suck all of his blood.

Tsitsanu pay puñushkay jiii – jiii – jiii uyarirka chitami Tsitsanuka paypa makiwan waktarka, chashna rasha llikcharisha rikukpika chi apamama allpay urmashkata rikurka, chi apamamaka Tsitsanu yawarta illakta upyasha wanchisha nirkami.

Tsitsanu escuchó un sonido "jiii, jii, jiii"; aturdido y para ahuyentar el sonido, golpeó con la mano y se despertó. Entonces, vio a la anciana tirada en el piso, y se dio cuenta de que ella quería chuparle toda la sangre hasta matarlo.

Tsitsanu heard a sound, "Heee, heee, heee." To silence the bothersome noise, he struck at it with his hand and woke up. Seeing the old woman knocked to the ground, he realized that she wanted to suck the lifeblood out of him.

Tsitsanu tutamantallata hatarisha rirka karuta chi wasimanta, mana chasna rishka
ashaka chillayta wañuchishka tukunma karka, chasna wañuchun nishami paypa warmi
yayaka yuminkasha kacharka.

Muy por la mañana, Tsitsanu tomó el camino y se alejó de ese lugar;
pues por la maldición de su suegro, si no lo hacía, moriría.

Very early in the morning Tsitsanu returned to the path and put that place far behind him;
being under his father-in-law's curse, he would have died if he had stayed there.

Tsitsanu, karuta risha tupanakurkami shuk runakunawan kaykunaka mana sikuktuta
charik runakunami anawra, chipi Tsitsanu paktasha rikurka paykunaka ashka
haychatami charinawra, chi haychataka yanusha paypa kushnillatami upyakuna karka,
Tsitsanuka chi haychatami yanusha mikurka.

Tsitsanu siguió caminando y se encontró con la gente que no tenía ano; ellos tenían
suficiente comida, pero no comían; cocinaban la carne pero solamente absorbían
el vapor que salía de la olla. Esta carne era buena para Tsitsanu.

Tsitsanu walked on and came to the people who had no anus. They had plenty of food,
but they didn't eat it: they cooked the meat, but only absorbed the vapor that rose from
the pot. The meat looked good to Tsitsanu.

Tsitsanu yachachirkami imasna chi haychata yanusha mikunata, tukuykunata
wankuchishami rimarka kasnami yanusha mikuna kankichi nisha chi washa
tapurka rikuchiwaychi kankuna sikuktuta imasnata charinkichi nisha rikukpika
shuk ichilla pankashinami tuparirka chitami shuk wamakta pitisha chiwan pitisha
sakirka chi washaka mikunata yanusha mikunkichi nirkami chasnallata
ismanamikankichi nishami sakirka.

Cuando Tsitsanu comió la carne, la gente se asustó. Entonces, Tsitsanu les enseñó cómo
se come la carne. Luego llamó a toda la gente, observó que tenían el ano tapado con
una membrana en forma de caracol; agarró una astilla de caña guadúa y les cortó esa
membrana. Les dijo que cocinaran y comieran la carne; así mismo les enseñó a defecar.

When Tsitsanu ate the meat, the people became frightened, so he showed them
how to eat it. Then he called the people over, and noticed that their anuses were
covered with a membrane in the shape of a snail. He took a splinter of bamboo and
cut the membrane, and told them to eat the cooked meat. Then he showed them
how to defecate.

Chi tukuy runakunami ashkata kushiyasha sakirinawra Tsitsanuta shuk warmitami kunawra pay chipi puñuchun nishpa, Tsitsanuka chi warmiwanmi puñurka.

La gente estaba muy agradecida por la ayuda que les dio Tsitsanu y, como agradecimiento, le entregaron a una mujer. Tsitsanu durmió toda la noche con ella.

The people were very grateful for Tsitsanu's help, and they showed their appreciation by giving him a woman. Tsitsanu slept with her all night long.

Chimanta tutamantalla Tsitsanu hatarishpa rirkami karuta. Tapurka chi runakunata maytata ñanpika rin nishpa chi runakuna ninawra chaytami rina kanki nisha Tsitsanuka chita rirka.

Muy por la mañana Tsitsanu se levantó y preguntó por dónde era el camino; se dirigió por donde le indicaron y se fue muy lejos.

Very early in the morning Tsitsanu got up and asked where the path was. He headed in the direction they pointed him and went far, far away.

Tsitsanuka karuta rirka chaypi tuparkami shuk warmikuna mana wawayanata yachak kunapi paykuna wiksata pitishalla llukshichik warmikunami anawra.

Seguía su largo camino y llegó a un lugar donde las mujeres no sabían dar a luz, ellas se cortaban el vientre para sacar a sus hijos.

He continued his long journey and came to a place where the women didn't know how to give birth: to take their babies out, they cut their wombs open.

Tsitsanuka tukuy karikunata wankuchishpami yachachirka imasna shuk warmita wawayachinata, chi tukuy karikunami ashkata kushiyasha sakirirkakuna.

Tsitsanu reunió a todos los esposos y les enseñó cómo se debía realizar el parto; entonces, ellos quedaron muy contentos.

Tsitsanu brought all the husbands and wives together and showed them how to give birth, and they were very glad.

Chi tutaypika chi runakuna wakpimi puñurka chi runakunaka ashkata kushiyashpa shuk warmita kunawra paywan puñuchun nishpa.

Esa noche Tsitsanu se quedó a dormir con ellos y así mismo, en agradecimiento, le dieron una mujer.

Tsitsanu stayed with them that night and, as before, he was given a woman in appreciation.

Chi tutamantalla hatarishpa Tsitsanuka rirkami pay riwshkata karutami rirka.

Tsitsanu se levantó muy por la mañana y siguió su camino.

Tsitsanu got up very early in the morning and continued on his journey.

Tsitsanu paktarka shuk runakunay kaykunaka puma runakunami karka, chaypimi shuk warmika charirka shuk wawa unkushkata, chitami chi warmika tapurka Tsitsanuta paypa wawata hanpipay nisha.

Tsitsanu llegó donde vivían los tigres y se encontró con una tigresa anciana que tenía a su hijo muy enfermo. Ella le pidió que curara a su hijo.

Tsitsanu arrived where the jaguars lived. He met an old jaguar woman whose son was very sick and she asked Tsitsanu to cure him.

Tsitsanu, mana yacharkachu imallawas chasna akllayta payka shuk yachak shimanushinami hanpirka chi wawaka shuk pucha nishkatami mikushka karka chi tukuy kashata surkurkami. Chi washa chi puma karikunaka paktamunawra Tsitsanuta mikusha nishpa, chasna akllaytami chi puma warmika rimarka ama imatawas rurankichichu kay runaka ñukanchik wawatami hanpirka nira, chasna nikpimi mana imatawas ruranawra chi puma karikuna.

Tsitsanu no sabía curar nada, pero hizo lo posible para sanar al niño: le sacó las espinas, porque el niño se había comido un puerco espín. Después de un rato llegaron los otros tigres y querían comerse a Tsitsanu; pero la tigresa les dijo que no se lo comieran, porque él curó a su hijo; entonces los tigres lo dejaron libre.

Tsitsanu didn't know how to cure anything, but he did what he could to help the jaguar boy. The child had eaten a porcupine, so Tsitsanu removed the spines. Soon the other jaguars arrived, and they wanted to eat Tsitsanu. But the tigress told them not to eat him because he had cured her child, so the jaguars let him go.

Chi washa chi tukuy pumakuna wankurishpa ninawra imatata kunanka kushun nisha
chi pay wawata hanpiskamanta, chi tukuykunami ninawra shuk lanzata kushun chi
lanzaka puma tukuk lanzami karka, chi lanzataka Tsitsanullami hapina karka.

Todos los tigres se reunieron para agradecer por la ayuda que les brindó Tsitsanu.
Entre ellos, acordaron entregarle su lanza, en la que estaba el espíritu del tigre,
y le dijeron que solamente Tsitsanu debía tenerla.

All the jaguars gathered together to thank Tsitsanu for his help. They agreed among
themselves to give him the spear that held the jaguar spirit, and told Tsitsanu that
it was for him and him only.

Chi washa Tsitsanu payllami sakirirka pay sapallami karuta rirka.

Tsitsanu se quedó solo nuevamente y se fue muy lejos por el camino.

Alone once again, Tsitsanu continued on his long journey.

Tsitsanu yacharishkami karka paylla purinata chasna ashami karuta rirka, chaypimi tuparka shuk runata chi runaka shuk Twi nishaka runami karka, chi Twita rimanawrami ama apiyu yurata sikasha upyankichu nisha, chasna akllaytami chi Twi mana uyasha sikarka chasnay urmarka chipi Tsitsanu mana kayllata asirka, chasna Tsitsanu asikpi piñarisha mana sakikrirachu.

Como de costumbre, Tsitsanu siguió caminando; de pronto se encontró con otra gente y le pidió al cabeza mate que le indicara el camino. Tsitsanu le advirtió que no se subiera al árbol de caimito que estaba en medio camino, pero el cabeza mate no hizo caso, se subió en el árbol y se cayó. Al ocurrir esto, Tsitsanu rió mucho y el cabeza mate regresó muy enojado por su camino.

As before, Tsitsanu walked on. Suddenly he came upon another group of people, and he asked the *cabeza mate* to show him the path. Tsitsanu warned him not to climb the star apple tree that was in the middle of the path, but the *cabeza mate* ignored him, climbed the tree, and fell. When this happened, Tsitsanu laughed, and the angry *cabeza mate* went on his way.

Chasna chi Twi piñarisha mana sakikrikpi Tsitsanuta chi washa hurpita ninawra kanranti sakikri nisha, chi urpika rimarkami kasna nisha Tsitsanu kanmi ñukata apishashi kuwanma maytuta rurasha mikusha niwaranki kunanmantaka mana kasna niwankichu nirami chasna rimashkakunawanmi sakinkawa rirka, chipi Tsitsanu nirkami kunanmantaka mana chashna rimashkankichu nira.

Entonces, Tsitsanu emprendió el regreso a su casa; pidiendo a una tórtola que lo guiara. La tórtola le dijo a Tsitsanu: —A mí me decías que me ibas a coger para hacer un *maito* para comer, estoy cansada de escuchar eso; de hoy en adelante no quiero que me digas así —advirtió. Entonces, la tórtola lo llevó al camino donde Tsitsanu se perdió al comienzo y ella se alejó volando.

So Tsitsanu resumed his journey home, asking a dove to guide him. The dove told Tsitsanu, "You've often said that you were going to catch me and make a *maito* out of me to eat. I'm tired of hearing that and from this day on I don't want you to say such things to me," she warned. Then the dove led Tsitsanu to the path where he had first become lost, and she flew away.

Tsitsanuwa warmi yayaka yacharkami imasna pay purishkata chasna ashami paywa
ushushita rimarkami aswata ashkata ruranki nisha, chasnaypimi Tsitsanuka paktarka
chipi tukuykunami kushiwan aswata upyasha tiyanawra.

El suegro de Tsitsanu, como era un hombre muy poderoso, sabía que Tsitsanu iba
a regresar; entonces, ordenó a su hija que preparara *chicha* para esperarlo. Tsitsanu llegó
justo el día señalado y disfrutaron de la fiesta.

Tsitsanu's father-in-law, being a very powerful man, knew that Tsitsanu was going to
return, so he ordered his daughter to make *chicha* and wait for him. Tsitsanu arrived
on the expected day, and everyone celebrated.

Tsitsanu chi lanzata hapasha rirkami chi pay wasipi paktasha chi tukuy runakunata rimarka mana piwas chay lanzata hapinachu kan, chasnay shuk puncha shuk nuspa runa shamusha chi lanzata apasha rirka, Tsitsanuka paypa warmiwan chakrapimi tuparirka.

Tsitsanu llevó su lanza y explicó que nadie tenía que cogerla sin su permiso. Un día un hombre loco llegó a la casa de Tsitsanu y se llevó la lanza, mientras Tsitsanu estaba con su esposa en la chacra.

Tsitsanu held up his spear and explained that no one should take it without his permission. One day, while Tsitsanu was working in the garden with his wife, a crazy man showed up at Tsitsanu's house and took the spear.

Chi nuspa runaka chi lanzata apasha rirkami sachata chi sachaypi ismankawa tiyarirka chi lanzata pay mayanpi churarka, chi lanza shuk hatun puma tukusha chi nuspa runata illaktami mikurka.

Ese hombre loco se llevó la lanza al monte. Paró a defecar, y la lanza se convirtió en tigre y se comió al hombre.

The crazy man carried the spear into the forest. He stopped to defecate, and the spear turned into a jaguar and ate him.

Chi lanzaka chi puma runakunawakllatami rirka, Ashka wayrakuna
uyarishkakunawanmi chi lanzaka rirka. Hatun ushayukmi Tsitsanuka sakirirka.

La lanza, con un gran viento y truenos, regresó a sus dueños originales;
pero su poder se quedó con Tsitsanu.

The spear, with a great burst of wind and thunder, returned to its original owners,
but its power remained with Tsitsanu.

Tukurin   Fin   The End

ATUPAMA SAPARA

SAPARA RIMAY SHIMIKUNA
VOCABULARIO SAPARA
SAPARA VOCABULARY

 Anamishawka

 Arityakuka

 Chawki

 Imatiña

 Inaka

 Itiwmu

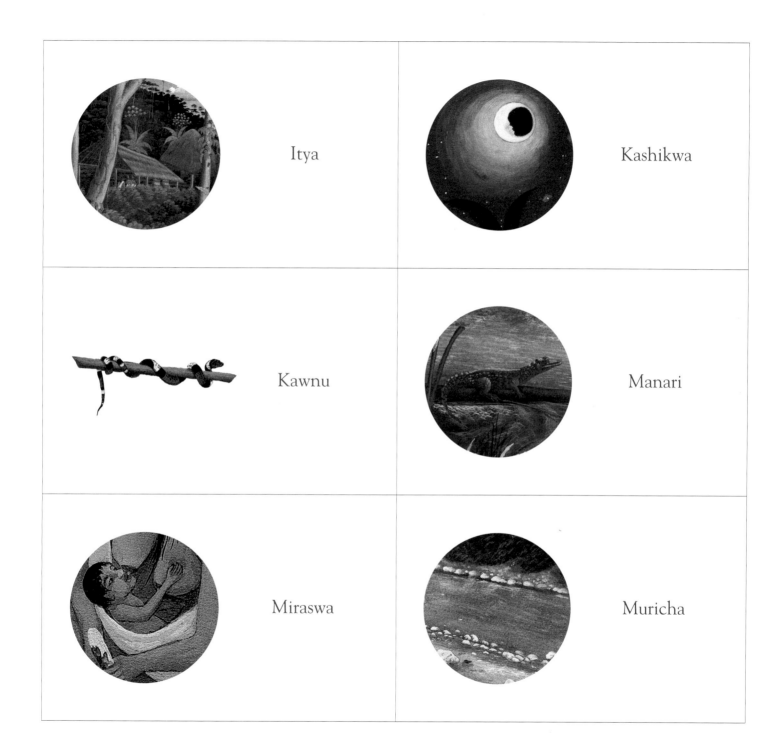

Itya

Kashikwa

Kawnu

Manari

Miraswa

Muricha

 Nahwa

 Naku

 Nakuna

 Namiñawaha

 Numanuka

 Sawika

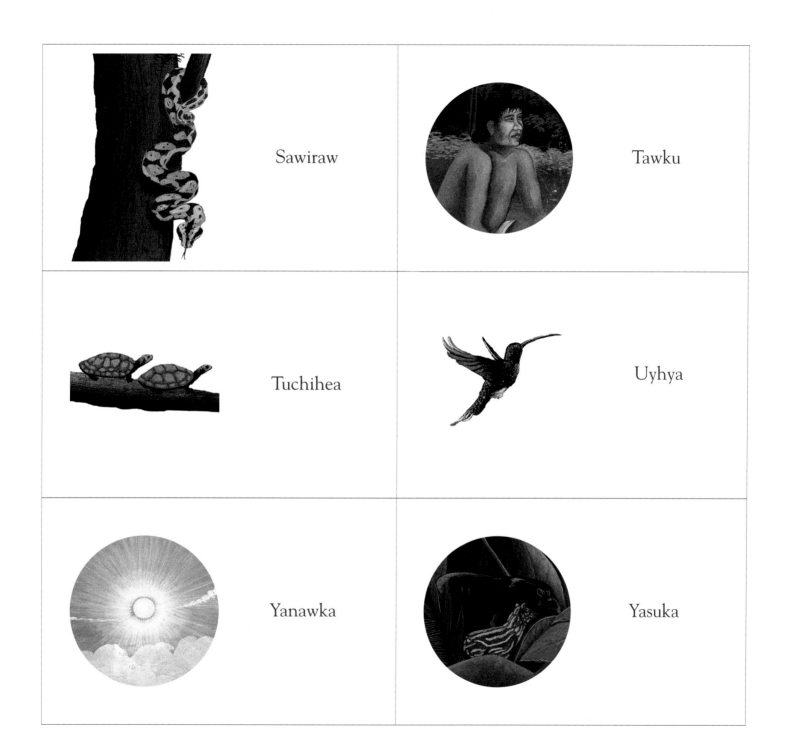

Sawiraw

Tawku

Tuchihea

Uyhya

Yanawka

Yasuka

SAPARA KAWSAYKUNAMANTA RIMAYKUNA

LA NACIONALIDAD SAPARA

THE SAPARA NATIONALITY

Kawsanchimi kay Amazonía nishka markapi Sudamérica kaypimi tuparin Ecuador Perú hatun mamallaktakuna chaypimi saparakunaka kawsanchik. Ñukanchik apayayakunaka kaypimi ashka waranka watakunata kawsarkakuna, paykunaka sumaklla tukuy sachay kawsakunata kuyrashami sawsanawra. Kunanka waranka tupumin kawsanchik kay hatun mamallakta sud América pachapika kasnami tiyanchik. Kay kallari rimay Tsitsanu alli kawsaykunami kan ñukanchi rikukpika. Kay Tsitsanu runaka shuk ashka ushayta charik sapara runami karka ashka runakunatami yanaparka. Mana alli kawsaykunatami purirka maykan runakunaka mana allitami hapirkakuna, chasna akllayta Tsitsanuka tukuykunatami allita yanaparka. Tukuy kaykunata rikushami kunan tukuy kay sapara runakuna allita rurasha yanapanatawas munanchi ima llaki tiyakpiwas allita kuyntashami allita ayllupura shina kawsanata munanchi.

Somos aproximadamente 1 000 personas que vivimos en el bosque húmedo amazónico de Sudamérica, donde ahora se ubican Ecuador y Perú. Aquí nuestros abuelos vivieron por miles de años, disfrutando de las riquezas naturales de la selva y cuidando el medio ambiente de donde vienen todos nuestros recursos. La historia de Tsitsanu tiene una gran importancia para nosotros. Tsitsanu era un hombre sapara muy poderoso que ayudaba a muchas personas que lo necesitaban. Pasó por malos momentos y a veces no le recibían bien, pero Tsitsanu siempre demostró su buena disposición con ellos. Esto nos hace recordar que nosotros como sapara siempre estamos dispuestos a ayudar a la gente que necesita y siempre estamos prestos para solucionar cualquier problema con un diálogo abierto.

We are approximately 1,000 people living in the Amazon rainforest of South America, within the borders of what are today the countries of Ecuador and Peru. Our ancestors lived here for thousands of years, enjoying the natural riches of the forest and caring for the environment from which all of our resources come. The story of Tsitsanu has great importance for us. Tsitsanu was a very powerful Sapara man who helped many people in need. He suffered through difficult moments, and sometimes he was not received warmly by those whom he encountered, but Tsitsanu always demonstrated his good nature towards them. This reminds us that as Sapara we are always willing to help people in need, and ready to solve any problem through open dialogue.

KILLKAK KIKIN
EL AUTOR
THE AUTHOR

Ñuka shutika Luciano Juan Ushigua Santi (sapara rimay shimipika ñuka shutika Saparano mi kani) ñuka llukshirkanimi kay Morete Cocha nishka ayllu llaktapi waranka iskun patsak kanchis kunka kanchis watay llukshirkani, kay sarayaku ayllullaktamami wankurisha llankankuna kay Pastaza Ecuador hatun markapimi kawsankuna, kaypimi wiñarkani ñuka yaya mamakunawanmi tiyarkani, kay yachanakunatawas kaypimi tukuchirkani, chaypimi yacharkani imasna pushak tukunatawas. Tukuy kutinkunami kay sachay tiyak wiwakunata yapata kurarkani. Kay waranka iskun patsak iskun chunka kanchis chasnallata waranka iskun patsak iskun chunka iskun watakunaypimi hatun pushak kay wayllu llakta morete cochay llankarkani. Kunan punchakunaka kay Puyo - Pastaza markapimi kawsani kay hatun sapara yachana wasitami llankasha apawni kunanka (DIENASE). Kunan rikuchinata munanimi kay kamuk kunawan kay sapara kawsanaka kikin kawsak pachami kan.

Mi nombre es **Luciano Juan Ushigua Santi** (**Saparano** es mi nombre sapara) y nací en 1977 en la comunidad kichwa de Morete Cocha, perteneciente a la parroquia Sarayaku en la provincia de Pastaza, Ecuador. Allí crecí junto con mis padres, terminé la escuela primaria y secundaria, y aprendí a ser líder para ayudar a los otros. Siempre me gustó cuidar a los animales y a la selva. Entre 1997-1999 ocupé el cargo de Presidente de la Comunidad de Morete Cocha. En la actualidad vivo en la ciudad de Puyo, Pastaza, donde ocupo el cargo de Director de Educación de la Nacionalidad Sapara del Ecuador (DIENASE). Por medio de este libro quiero que todo el mundo sepa que la cultura sapara es una cultura viva.

My name is **Luciano Juan Ushigua Santi** (**Saparano** in Sapara) and I was born in 1977 in the Kichwa community of Morete Cocha, district of Sarayaku, in the province of Pastaza, Ecuador. There I grew up alongside my parents, graduated from elementary and high school, and learned to be a leader so I could help others. I always enjoyed caring for the animals and the forest. From 1997 to 1999 I served as President of the community of Morete Cocha. Currently I live in the city of Puyo, Pastaza, and serve as Director of the Education Department of the Sapara Nationality of Ecuador (DIENASE). I want the whole world to learn from this book that the Sapara culture is a living culture.

KURI ASHPA

Kuri ashpa, Ecuador mama shuyupimi sakirin, wacharirkami kay ishkay waranka chusku patzak watapi kay kulla suyumanta, chaupi suyumanta shinallatak chinchay suyumanta ayllukunawan, runa llaktakunapi kawsak ayllukuna kikin unanchata, yachay, yuyaykunata, kishkaykuna Abya Yala suyukunaman riksichichun, shina rurashpa llaktakuna wiñarishpa, yanapashpa katichun. Tsitsana ishkay niki kamukmi kan kay Kuri allpamanta, Ñukanchik kallari kamukmi kan, ***Kuntur kuyashkamanta / El cóndor enamorado / The Condor Who Fell in Love***, Kay pankata riksichirkanchikmi ishkay waranka ishka patzak watapi, kay Tiwa Chimbacucho kichwa ayllu llaktamanta, Cotopaxi markamanta, Ecuador suyumanta.

Kuri Ashpa fue constituído en Ecuador, en el año 2004 por personas del Sur, Centro y Norteamérica, con la misión de otorgar el poder a los pueblos indígenas de las Américas de documentar, ilustrar y publicar independientemente sus tradiciones orales, de acuerdo a sus propias visiones y a beneficio de sus comunidades. *Tsitsanu* es el segundo libro de **Kuri Ashpa**. Nuestro primer libro, ***Kuntur kuyashkamanta / El cóndor enamorado / The Condor Who Fell in Love*** fue publicado en 2002 por la comunidad kichwa de Tigua Chimbacuchu, provincia de Cotopaxi, Ecuador.

Kuri Ashpa, with headquarters in Ecuador, was legally established in 2004 by people from South, Central and North America, with the mission of empowering indigenous peoples of the Americas to document, illustrate and independently publish their oral traditions, according to their own visions and for the benefit of their communities. *Tsitsanu* is **Kuri Ashpa**'s second book. Our first book, ***Kuntur kuyashkamanta / El cóndor enamorado / The Condor Who Fell in Love***, was published in 2002 by the Kichwa community of Tigua Chimbacuchu, Cotopaxi Province, Ecuador.

Fotografía: Alfredo Toaquiza

SHUYUK
EL ARTISTA
THE ARTIST

Ñukapak shutimi kan Alfonso Toaquiza, Tiwa Chimbacucho ayllu llaktapi, Cotopaxi markamanta, Ecuador suyupi wacharishkami kani, michikkunapak, shuyukkupanapak, tarpukkunapak kichwa shuk ayllu llaktami kan, maypimi llamapak karapi tukuy shina shuyuykunata ruranchik, ñukapak tayta Julio Toaquiza kashna shina suyunata wiñachirka. Ñukapak llankashka shuyuykunata rikuchishkanimi kay Ecuador mama llaktapak pushakpak wasipi (palacio presidencial del Ecuador) Casa de la Cultura Ecuatoriana, Fundación Guayasamín, UNESCO, Museo Hearst de la Universidad de California en Berkeley, Gathering Tribes Gallery, ashtawanpash Organización de Estados Americanos. Ñukami kani kishkak, shuyuk kay kamuk *Kuntur kuyashkamanta / El cóndor enamorado / The Condor Who Fell in Love.* Kay pachapi Tiwa Chimbacucho, Latacunga, Pujili kiti llaktakunapi kawsani ñukapak warmiwan Ana Umajinga ñukanchik churikunawan Alex ashtawan Sinchi. Kay kamukpak shuyunkapakka llamapak karapi acrilico nishkawan shuyushkani, kay taktikunata 45 yapa 42 cm.

Mi nombre es **Alfonso Toaquiza,** soy nativo de Tigua Chimbacuchu, provincia de Cotopaxi, Ecuador, una comunidad de artistas pastores y agricultores kichwas, quienes pintamos en cuero de oveja, un estilo de pintar creado por mi padre, **Julio Toaquiza**. Mis trabajos han sido expuestos en el Palacio Presidencial del Ecuador, Casa de la Cultura Ecuatoriana, Fundación Guayasamín, UNESCO, Museo Hearst de la Universidad de California en Berkeley, Gathering Tribes Gallery, y la Organización de Estados Americanos. Soy autor e ilustrador del libro *Kuntur kuyashkamanta / El cóndor enamorado / The Condor Who Fell in Love*. Actualmente vivo en Tigua Chimbacuchu, Latacunga y Pujilí, en la provincia de Cotopaxi, con mi esposa Ana Umajinga y nuestros hijos Alex y Sinchi. Para este libro pinté ilustraciones originales con acrílico, en cuero de oveja, con una dimensión de 45 x 42 cm.

My name is **Alfonso Toaquiza**, and I am from Tigua Chimbacuchu, Cotopaxi Province, Ecuador, a community of Kichwa herders, farmers and artists. We paint on sheep hide, a style of painting created by my father, **Julio Toaquiza**. My work has been exhibited in the Presidential Palace of Ecuador; Casa de Cultura Ecuatoriana; Fundación Guayasamín; UNESCO; the Hearst Museum at the University of California in Berkeley; Gathering Tribes Gallery; and the Organization of American States. I am the author and illustrator of the book *Kuntur kuyashkamanta / El cóndor enamorado / The Condor Who Fell in Love*. I live in Tigua Chimbacuchu, Latacunga and Pujilí, in Cotopaxi Province, with my wife Ana Umajinga and our sons Alex and Sinchi. For this book I painted original illustrations in acrylic on sheep hide, 45 x 42 cm in dimension.

YUPAYCHAY
AGRADECIMIENTOS
THANKS

American Friends Service Committee
Protect-an-Acre

Romero Foundation
Seeds for Communities

José Artiga
Victor & Lia Assad
Laura Bonilla & Luis Alberto Perugachi
Matthew Burry & Tamar Schnepp
Elizabeth Doerr & Tim Wells
Paul Dolan
Leodoro & Karen Carlquist Hernández
Lilia de Katzew
Joyce Kendall
Susan & John Mills
Gina Pacaldo & Jesse Allen

María Belén Páez
Pennie Opal Plant
Melanie Ruth Rudnick
Philip & Jackie Rudnick
Henry & Joanne Taratusky
Bill & Lynn Twist
Hans Van der Noorda
Ida Wheeler
Jill Rudnick Yoman
Ye Xiaoxia & Chen Yuanjuan